21 Novembre 1906

marqué 99 p

VENTE

du Mercredi 21 Novembre 1906

Hôtel Drouot, Salle n° 8.

AQUARELLES

ET

DESSINS MODERNES

TABLEAUX

DE DIVERSES ÉCOLES

ANCIENS ET MODERNES

GRAVURES

Novembre 1906

Commissaire-Priseur :

Mᵉ André COUTURIER

Expert :

M. Paul ROBLIN.

CATALOGUE
D'AQUARELLES

ET

DESSINS MODERNES

COSTUMES MILITAIRES

ŒUVRES DE : H. BELLANGÉ, BEZENVAL, BIDA, CABANEL,
CARRIER-BELLEUSE, DAUBIGNY,
FROMENTIN, GÉRICAULT, GIACOMELLI, GUILLAUMET, HERVIER.
ISABEY, LALAISSE, MEISSONIER,
H. MONNIER, ED. MORIN, H. PILLE, RAFFET, SAUZAY,
VERNIER, ETC., ETC.

COSTUMES DE MODES

AQUARELLES ORIGINALES DU RECUEIL DE LA MÉSANGÈRE

TABLEAUX DE DIVERSES ÉCOLES

GRAVURES

DONT LA VENTE AUX ENCHÈRES PUBLIQUES AURA LIEU

Hôtel des Commissaires-Priseurs, Rue Drouot, n° 9

Salle n° 8

Le Mercredi 21 Novembre 1906, à deux heures.

Commissaire-Priseur :	Expert :
M° **ANDRÉ COUTURIER**	M. **PAUL ROBLIN**
56, Rue de la Victoire.	*65, Rue Saint-Lazare.*

EXPOSITION PUBLIQUE

Le Mardi 20 Novembre 1906, de 2 heures à 6 heures.

CONDITIONS DE LA VENTE

Elle sera faite au comptant.

Les adjudicataires paieront **dix pour cent** en sus des enchères.

L'Exposition mettant le public à même de se rendre compte de l'état et de la nature des pièces, aucune réclamation ne sera admise, une fois l'adjudication prononcée.

DÉSIGNATION

Gravures

1. **Demarne** (d'après). La Promenade du matin. — La Promenade du soir. Deux pièces imprimées en couleurs, par Alix et Morret.

2. **Huet** (d'après J.-B.). Scènes champêtres. Deux pièces coloriées.

3. **Jazet**. Quatre gravures en couleurs du Premier Empire.

4. **Romney** (d'après). Serena (reproduction).

5. **Teniers** (d'après D.). 3e fête Flamande, in-fol., par Le Bas.

6. **Vernet** (d'après C.). Le Galop de chasse. — Jeune dame à la promenade. Deux pièces par Levachez.

7. **Wille** (d'après J.-G.). La Maîtresse d'école.

8. *Madame Xavière Clotilde* de France. Epreuve avant la lettre.

9. Dessins et gravures non catalogués.

Aquarelles et Dessins Modernes

ANONYME

10. Pont sur une rivière.

> Aquarelle. (H. 0,19. L. 0,25)

11. Tête de Vierge.

> Sépia. (H. 0,18. L. 0,14)

12. Vues d'Italie.

> Quatre aquarelles.

BELLANGÉ (Hyp.)

13. L'Artiste descendant le Righi.

> Plume, signé et daté de 1865. (H. 0,20. L. 0,30)

14. Chasseur portant un fantassin blessé.

> Crayon noir rehaussé de gouache. Signé.
> (H. 0,26. L. 0,19)

15. Cour de ferme.

> Aquarelle, signée. (H. 0,22. L. 0,32)

16. Curé de campagne soutenant un voltigeur blessé.

> Plume rehaussée d'aquarelle, signé.
> (H. 0,28. L. 0,22)

17. Etude de femme assise. « Croquis pour le tableau du retour de l'Ile d'Elbe ».

> Crayon noir : *Croquis de mon père et souvenir.*
> *Eug. Bellangé, fin Avril 1866.*
> (H. 0,30. L. 0,23)

BELLANGÉ (Hyp.)

18. La Leçon de danse.

> Crayon noir lavé d'aquarelle et rehaussé de gouache. Signé.　　(H. 0,23. L. 0,32)

19. Officier de l'Armée d'Afrique.

> Crayon noir rehaussé d'aquarelle, signé et daté 1845.　　(H. 0,28. L. 0,20)

20. Officiers blessés dans une tranchée. « Etude pour un tableau du Musée de Versailles ».

> Crayon noir. Signé.
>
> (H. 0.25. L. 0.35).

21. Voltigeur allumant sa pipe à la porte d'une maison italienne.

> Aquarelle. Signée.
>
> (H. 0.24. L. 0.19 1/2).

22. Zouave chargeant à la baïonnette.

> Crayon noir. Signé, avec dédicace : *Souvenir à notre cher Laporte.*
>
> (H. 0 30. L. 0.23).

23. Zouave montant à l'assaut.

> Crayon noir rehaussé d'aquarelle. Signé et daté 1845.
>
> (H. 0.29. L. 0.21).

BEZENVAL (L. de)

24. Chasse au cerf.

> Aquarelle signée.
>
> (H. 0.46. L. 0 69).

BIDA (Alex.).

25. Costumes de Sorrente. Deux dessins.

> Crayons noir et blanc sur papier bleu. Signés de l'Initiale et datés *Sorrente, Déc. 77.*
>
> (H. 0.26. L. 0.35).

26. Femme au bain.

> Crayon noir.
>
> (H. 19 1/2. L. 0.15).

27. Femmes orientales. Deux dessins.

> Crayons noir et blanc sur papier bleu. Signés des Initiales.

28. Jeune femme en pied tenant un verre et étude de main.

> Crayon noir rehaussé de blanc sur papier bleu. Signé de l'initiale.
>
> (H. 0.25. L. 0.15).

BOILLY (Louis)

29. Groupe de Flutistes.

> Crayon noir et estompe.
>
> (H. 0,23. L. 0,20).

CABANEL

30. Portrait de Cavelier.

> Plume. Signé.
>
> (H. 0.09 1/2. L. 0.07).

31. Portrait de Garnier, architecte de l'Opéra.

> Plume et lavis.
>
> (H. 0.16. L. 0.13).

32. Portrait de Henriquel Dupont, graveur.

> Plume et lavis.
>
> (H. 0.09. L. 0.08)

CABANEL

33. Portrait de Reber.

Plume et lavis. Signé

(H. 0.15, L. 0.13 1/2).

CARRIER-BELLEUSE

34. Etude de femme. Projet pour surtout de table.

Sanguine. Signé et daté 1862.

(H. 0.46, L. 0.26).

COSTUMES

35. Réunion de soixante-huit aquarelles originales in-8, publiées dans le recueil de *La Mésangère*, réunies en un vol. in-8.

Recueil rare et précieux.

36. Costumes de femmes Suisses. Paysannes et Bourgeoises des différents cantons. Trente-neuf aquarelles, la plupart signées Bandinelli fecit.

DAUBIGNY (C.).

37. Paysage, le Soir.

Vigoureux et important dessin à la pierre noire et estompe sur papier bleu.

(H. 0.25, L. 0.35).

DELESTRE (Eug.).

38. Vue de Carnetin.

Aquarelle signée et datée 1901.

(H. 0.31. L. 0.46).

DIVERS

39. Album contenant cinq autographes de Bouilly,
Ancelot, Alex. Dumas, Fréd. Soulié et Beau-
vallet, et quarante-sept dessins et aquarelles
de Jules Poupart, Charpin, Geoffroy, A.
Fontenay, J. Moirenhout, Bayard, de Rudder,
C. Jousse, Eug. Devéria, B. van Howe,
Mirocourt, Beauvallet, Alban, Delaunay,
Cicéri, Bazin, Traviès, Gintrac, Pinchon,
Bergeret, Blanchard, Renoux, A. et J. Gui-
chard, etc., in-4 obl., rel. chag. bl., dorures
et orn. à froid. (Album de Firmin, acteur).

DREUX (Alfred de).

40. Cheval de selle.

Crayons noir et blanc sur papier bleu.

(H. 0.33, L. 0.45).

ÉCOLE ANGLAISE

41. Portrait de jeune femme tenant une fleur.

Crayon noir rehaussé d'aquarelle.

FROMENTIN

42. Bourriquots d'Algérie.

Crayon noir, rehaussé de blanc sur papier bleu.
Cachet de la vente de l'artiste, n° 151.

(H. 0,30. L. 0,35 1/2)

GÉRICAULT (Théodore)

43. Lutteurs et Boxeurs ; feuille d'études, croquis
au verso.

Plume et lavis.　　　　　(H. 0,21. L. 0,10 1/2)

GÉRICAULT (Théodore)

44. Le Pansage, feuille de croquis.

Plume.

(H. 0,20. L. 0,26).

GIACOMELLI (Hector)

45. Nids de Chardonnerets. Deux sujets sur la même
feuille.

Aquarelle signée. (H. 0,23. L. 0,35)

148 **46.** Nid de Chardonneret.

Aquarelle signée et datée 1903.

(H. 0,26. L. 0,21)

150 **47.** Tarin et son nid.

Très belle Aquarelle, signée et datée 1904.

(H. 0,22. L. 0,17 1/2)

GUILLAUMET (G.)

48. Arabe de Kabylie au labour.

Pierre noire. Signé. (H. 0,33. L. 0,50)

HERVIER

49. Intérieur villageois.

Aquarelle. *Rouen 183...* (H. 0,10 1/2 L. 0,15 1/2)

50. Paysanne, vue de dos.

Aquarelle, signée du monogramme : *Rouen 1837.*

(H. 0,14. L. 0,08)

360 **51.** Cour de ferme.

Beau dessin à la mine de plomb et crayon noir,
signé et daté 1844. (H. 0,19 1/2. L. 0,27)

HERVIER

52. Vieille paysanne et enfants.

> Crayon noir et mine de plomb, signé du mono-
> gramme : *Rouen 1844.*   (H. 0,10 1/2. L. 0,14)

**53. Feuille de croquis : Figures, barques et abreu-
voir.**

> Mine de plomb. Cachet de l'artiste 45.
>   (H. 0,09. L. 0,15 1/2)

54. Route de Village.

> Plume et lavis de Sépia, signé *Saint-Ger-
> main 1846.*   (H. 0,09. L. 0,14)

**55. Feuille de croquis : Marchands de la rue et
Charrettes attelées.**

> Aquarelle, signée : *N° 14, Hervier, Paris 1847.*
>   (H. 0,11. L. 0,13 1/2)

56. Place Chevalier du Guet, Paris 1848.

> Mine de plomb et aquarelle, signée : *20 mai 1848.*
>   (H. 0,10. L. 0,13)

57. Paysage.

> Mine de plomb. Cachet de l'artiste 1848.
>   (H. 0,08 1/2. L. 0,14)

**58. Près la Place du Grand Marché, Caen, 1848.
Juin 14.**

> Aquarelle. Signée.
>   (H. 0,19. L. 0,14).

59. Cour Cottin à St-Germain.

> Aquarelle. Signée, du monogramme : *Rue des
> Carmes, Saint-Germain, 53.*
>   (H. 0,18. L. 0,14 1/2).

HERVIER

60. La Mère Angot.

>   Mine de plomb, 1854.
>
>   (H. 0.10 1/2. L. 0.06).

61. Marchande de Poissons.

>   Crayon noir, signé du monogramme *17 mai 1862.*
>
>   (H. 0.10 1/2. L. 0.07).

62. Un cochon et études de têtes.

>   Aquarelle. Signée, 1864.
>
>   (H. 0.05 1/2. L. 0.08 1/2).

63. Barques échouées.

>   Aquarelle. Signée, *17 mars 1864. Croquis 14e.*
>
>   (H. 0,15. L. 0,12).

64. Marché devant une église. En Normandie.

>   Aquarelle datée 1865.
>
>   (H. 0.07 1/2. L. 0.18.).

65. Le Bûcheron.

>   Mine de plomb et crayon noir. Signé et daté 1867.
>
>   (H. 0.20. L. 0.16).

66. Fontaine surmontée d'une croix.

>   Aquarelle. Signée : *46e croquis, 5 avril 1871*
>
>   (H. 0.21. L. 0.15).

67. Marine.

>   Aquarelle. Signée et datée *Vilerville, 1er août 1877.*
>
>   (H. 0 12. L. 0.16).

68. A la Boucherie.

>   Aquarelle.
>
>   (H. 0.10 1/2. L. 0.17).

HERVIER

400

69. Ecole maternelle.

Beau dessin au crayon noir. Signé.

(H. 0.26. L. 0 21).

70. Etudes d'arbres. Paysages, Marines, Costumes, etc.

Douze dessins.

150

71. Etude de deux gros arbres.

Sépia.

(H. 0.14. L. 0.18).

72. Etude d'arbre abattu.

Aquerelle.

(H. 0.14. L. 0.21 1/2).

73. Maisons normandes.

Aquarelle. Signée.

(H. 0.15 1/2. L. 0.10 1/2).

74. Marchande de Poissons.

Aquarelle.

(H. 0.08. L. 0,15).

75. Marine.

Sépia. Signée.

(H. 0.20. L. 0.27).

76. L'Orne à Caen.

Crayon noir et mine de plomb.

(H. 0.17 1/2. L. 0.24).

77. Paysage. Vue de là Morette.

Aquarelle.

(H. 0 07. L. 0.14.)

HERVIER

78. Paysan sur son âne. Paysage accidenté.

Crayons de couleurs. Cachet de l'artiste.
(H. 0.08 1/2. L. 0.14 1/2).

79. Paysanne portant deux seaux.

Mine de plomb et aquarelle, signée du monogramme. (H. 0,14 1/2. L. 0,09 1/2)

80. Paysage de Normandie.

Aquarelle signée. (H. 0,07 1/2. L. 0,20)

81. Paysannes de Normandie.

Aquarelle signée. (H. 0,10 1/2. L. 0,16)

82. Rue de Village.

Mine de plomb. (H. 0,11. L. 0,14)

INGRES (attribué à)

83. Saint et Sainte. Deux études de nu.

Mine de plomb. Cachet de Collection E. Gx.
(H. 0,37. L. 0,15)

ISABEY (J.-B.)

84. Portrait d'Elleviou, acteur.

Crayon noir rehaussé de blanc, signé.
(H. 0,30. L. 0,26)

LALAISSE (Hyp.)

85. Titre pour : *Types militaires*, par Hte Lalaisse.
Plume, signé, avec dédicace à Madame Mellinet.
(H. 0,30. L. 0,21)

LANGENDICK (Dirk)

140

86. Attaque d'un convoi.

> Aquarelle signée : *D. Langendyk.*
>
> (H. 0,39. L. 0,50)

LEFEBVRE (Carlos)

87. Paysage.

> Aquarelle signée.　　　(H. 0,15. L. 0,37)

MEISSONIER (E.)

105

88. Deux Uhlans surpris par des Francs-tireurs.

> Aquarelle signée, avec dédicace.
>
> (H. 0,11. L. 0,17)

MICHEL LÉVY

89. Pêcheurs au bord de la Seine.

> Aquarelle signée.　　　(H. 0,23. L. 0,29)

MONNIER (Henry)

90. La Nuit dans un bouge.

> Plume et crayon noir, signé.　　(H. 0,23. L. 0,15)

91. Paysans de Blakenberg.

> Aquarelle, signée et datée 4 août 1837.
>
> (H. 0,15. L. 0,18)

92. Portrait de femme en buste.

> Mine de plomb, signé et daté 25 juin 69.
>
> (H. 0,14. L. 0,09 1/2)

MORIN (Edmond)

93. Paysage à Dampierre.

> Aquarelle signée et datée mars 1871.

PILLE (Henri)

94. Tambour de Voltigeur.

> Plume et aquarelle, signée : *Au Colonel Ramollot son admirateur et lecteur assidu, Henri Pille.*
>
> (H. 0,27. L. 0,19)

PILS (J.)

95. Etude de nu.

> Crayon noir rehaussé de gouache, sur papier végétal, signé. (H. 0,51. L. 0,33)

PILS (d'après J.)

96. Spahis à cheval.

> Plume et aquarelle rehaussé de pastel, signé des initiales E. H. de L. 1875. (H. 0,45. L. 0,34)

RAFFET (Aug.)

97. Arabe mort. Etude pour la planche 4ᵉ de la prise de Constantine.

> Vigoureuse étude au crayon noir et estompe.
> Nᵒ 549 de l'Œuvre par Giacomelli.
>
> (H. 0,20. L. 0,29)

98. Arabe de la province de Constantine, vu de dos.

> Mine de plomb et aquarelle. Signé *Raffet, Constantine.*
> Nᵒ 223. Vente de l'Artiste. (H. 0,25. L. 0,14 1/4)

RAFFET (Aug.)

99. Costume de femme de Procida.

> Plume et aquarelle, signé et daté : *Raffet, 1849.*
> No 147. Vente de l'artiste.　　　(H. 0,29. L. 0,22)

100. Marchande de Procida.

> Plume et aquarelle, signé et daté : *Raffet 1849.*
> No 129. Vente de l'Artiste.　　　(H. 0,31. L. 0,22)

101. Officier d'infanterie Garibaldien.

> Aquarelle, signée et datée : *Raffet 1849.*
> No 138. Vente de l'Artiste.　　　(H. 0,28. L. 0,22)

102. Pompier. Grande tenue d'hiver.

> Belle aquarelle, signée et datée : *Raffet, 22 oc-*
> *tobre 1846.*
> No 173. Vente de l'Artiste.　　　(H. 0,29, L. 0,20)

103. Pompier. Tenue de promenade.

Pompier. Tenue d'incendie.

> Deux aquarelles dans le même cadre.
> Nos 167 et 176. Vente de l'Artiste. (H. 0,26. L. 0,17)

104. Pulcinella (marionnette).

> Aquarelle, signée et datée : *Raffet, 1849. Le pre-*
> *mier acteur de Rome.*
> No 146. Vente de l'Artiste.　　　(H. 0,30. L. 0,22)

RAFFET (Aug.)

105. Sergent de la Garde pontificale. Suisse du pape.

> Aquarelle, signée et datée : *Raffet 1849*.
> Nº 144. Vente de l'artiste.　　　(H. 0,30, L. 0,20)

200　106. Tambour d'Infanterie. « Armée Autrichienne ».

> Très belle aquarelle rehaussée de gouache. Cachet San Donato.　　　(H 0,34 L. 0,24)

SAUZAY (A.)

107. La Seine à Poses (Eure).

> Esquisse peinte, signée à gauche.
> 　　　　　　　　(H. 0,25. L. 0,40)

108. La Seine à Tournedos (Eure).

> Esquisse peinte, signée à droite.
> 　　　　　　　　(H. 0,31. L. 0,40)

SINET (A.)

109. Bords de Rivière. — Une Plage.
> Deux pastels signés

110. L'Enfant et la Rose.
> Pastel signé.

VERNIER

111. Paysage.

> Charmant dessin à la plume et au lavis sur bloc de buis.
> Collection Giacomelli.　　　(H. 0,10. L. 0,13)

TABLEAUX

ANCIENS ET MODERNES

BERNARD

112. Paysans jouant au palet.

Toile signée et datée 1837.

(H. 0.23. L. 0.31).

BOILLY (Genre de Louis)

113. Portraits du comte et de la comtesse de Querelles. Deux pendants.

Peintures sur métal.

(H. 0.21. L. 0.15).

CANALETTI (Attribué à) .

114. Vues de Venise. Deux pendants.

Toiles.

COURBET (G.)

115. Falaises.

Toile. Signée.

(H. 0.25. L. 0.32).

DEVERIA (Attribué à Eug.)

116. Exécution de Marie Stuart.

Toile.

(H. 0.24. L. 0.18).

ÉCOLE FRANÇAISE DU XVIIIᵉ SIÈCLE

117. Portrait de femme coiffée d'un chapeau et tenant
      un éventail.
      Cadre ancien en bois sculpté et doré.

   Toile.

   (H. 0.71. L. 0.55).

ÉCOLE HOLLANDAISE

118. Habitations auprès d'une rivière.

   Bois.

   (H. 0.10. L. 0.16).

119. Habitations rustiques.

   Bois.

   (H. 0.26. L. 0.35).

120. La Halte des Chasseurs.

   Toile.

   (H. 0.49. L. 0.57).

121. Paysage avec cheval blanc.

   Bois.

   (H. 0.18. L. 0.24 1/2).

122. Le Repas champêtre.

   Bois.

   (Diam. 0.17).

ÉCOLE ITALIENNE DU XVIIᵉ SIÈCLE

123. Les Saisons. Un Léopard. Cinq sujets dans le
      même cadre.

   Peintures sur cuivre.

ÉCOLE MODERNE

124.   Paysage. Effet de soleil couchant.

Toile.

(H. 0 40. L. 0.71).

125.   Jeune femme en pied donnant à manger à un oiseau.

Toile.

(H. 0.52. L. 0.35).

MARILHAT (Genre de)

126.   Vue d'Orient.

Carton.   (H. 0.18. L. 0.23).

OUDRY (Genre de J.-B)

127.   Chasse au sanglier.

Panneau.   (H. 0·38. L. 0.51).

REMBRANDT (D'après)

128.   Tête de femme.

Toile.   (H. 0.54. L. 0.47).

WOUVERMANS (Genre de)

129.   Chasse au cerf. — Cavaliers sur un pont. Deux pendants.

Toiles.   (H. 0.35. L. 0 48).

DESSINS ANCIENS
Miniatures

BOILLY (Attribué à Louis)

130. Portrait de femme, coiffée d'un bonnet.

Crayon noir ovale. (H. 0.11 1 2. L. 0.10).

ÉCOLE FRANÇAISE XVIIIᵉ SIÈCLE

131. Paysage animé de figures.

Plume et lavis d'encre de Chine. Signé des initiales P. D. et daté 1786.

(H. 0.12 1/2. L. 0.20 1/2).

MINIATURE

132. Portrait d'homme en habit bleu de l'époque Louis XVI.

Signé : Héland pˣ 1790.

(H. 0.04. L. 0.03).

MINIATURE

133. Portrait d'homme en habit noir et large cravate blanche, époque Restauration.

Miniature ovale signée Cézaire Quillier.

(H. 0.07 1/2. L. 0.06).

STELLA (Jacques)

134.   La Marelle à cloche-pié. Miniature.

A été gravé par Claudine Bouzonnet-Stella dans
le Recueil des *Jeux et Plaisirs de l'Enfance*, 1659.
Cadre en bronze ciselé et doré.

(H, 0.11. L 0.15).

GRANDE IMPRIMERIE DU CENTRE. — HERBIN, MONTLUÇON